Marlies Sauerborn

WEIHNACHTS-BÄCKEREI

Köstliche Plätzchen, Stollen, Honigkuchen und Festtagstorten

FALKEN

Mit den kompetenten Ratgebern von FALKEN kann man zu Weihnachten viel Spaß und Freude haben.
Fragen Sie Ihren Buchhändler!

ISBN 3 8068 0682 9

Titelbild: Fotostudio Burock
Fotos: Fotostudio Renson, Wiesbaden

Satz: Main-Taunus-Satz, Giebitz + Kleber GmbH, Eschborn
Gesamtherstellung: Falken-Verlag GmbH, D-6272 Niedernhausen/Ts.

817 2635

Inhalt

Vorwort

Wenn die Tage wieder kürzer werden, erinnert man sich gerne der duftenden und wohlschmeckenden Tradition der Weihnachtsbäckerei. In Familien mit Kindern gehört sie auf jeden Fall dazu, wenn das Fest vorbereitet wird. Auch die Kleinen werden eifrig mithelfen, beim Formen und Verzieren ihre Phantasie spielen lassen und voller Stolz das Ergebnis präsentieren.

Zahlreiche moderne Hilfsmittel, technische Geräte oder bereits vorbereitete Zutaten machen es möglich, ohne allzu großen Aufwand selbstgebackene Plätzchen zu genießen. Die folgenden Hinweise sollen die Arbeiten in der vorweihnachtlichen Backstube noch etwas leichter machen und zu guten Ergebnissen verhelfen.

In den Rezepten ist die Verwendung von Backpapier angegeben. Selbstverständlich können die Bleche auch gefettet werden, jedoch bietet das Backpapier erhebliche Vorteile: Man benötigt nur ein, höchstens 2 Bleche, und der Backofen wird optimal ausgenutzt.

Werden in den Rezeptangaben Mandeln aufgeführt, so sind damit geschälte, also von der braunen Haut befreite Mandeln gemeint.

Kuvertüre muß richtig geschmolzen und temperiert werden, wenn sie einen schönen, glänzenden Guß ergeben soll. Man löst sie im Wasserbad auf, läßt sie unter Rühren bis fast zum Erstarren abkühlen und erwärmt sie wieder. Sie kann dann beliebig oft wieder verflüssigt werden.

Den in einigen Rezepten erwähnten Zitronen- oder Orangenzucker bieten einige Hersteller von Backzutaten fertig an. Man kann ihn aber auch leicht selbst herstellen, wenn man die Schale naturreiner Zitrusfrüchte abreibt und mit der gleichen Menge Zucker vermischt. Im Schraubdeckelglas läßt sich diese Mischung gut aufbewahren.

Die angegebenen Vorbereitungs- und Zubereitungszeiten sind Richtwerte, die natürlich etwas über- oder unterschritten werden können, je nach Einsatz von Küchengeräten und Zubehör. Die Vorbereitungszeit bezieht sich auf die Herstellung des Teiges, während in der Zubereitungszeit alle Arbeiten wie Formen, Ausstechen, Füllen oder Verzieren zusammengefaßt sind. Zwischen Vor- und Zubereitungszeit kann Ruhezeit und/oder Backzeit liegen.

Sind Plätzchen, Honigkuchen oder Stollen fertig, müssen sie richtig aufbewahrt werden. Bei den Rezepten ist jeweils die bestmögliche „Verpackung" angegeben. Grundsätzlich sollte jede Sorte für sich aufbewahrt werden. Besonders schön verzierte oder glasierte Plätzchen kann man lagenweise durch Alufolie oder Pergamentpapier trennen.

Vanillekipferl

Vorbereitungszeit: 10–20 Minuten

Ruhezeit: 30 Minuten

Zubereitungszeit: 30–40 Minuten

Backzeit:
Elektroherd:
10–15 Minuten bei 175 °C
Gasherd:
10–15 Minuten auf Stufe 2
Heißluftherd:
10–15 Minuten bei 170–180 °C

ergibt etwa: 80 Stück

Kalorien/Joule: 4411 / 18 456
pro Stück etwa: 55 / 231

350 g Mehl, 1 Msp. Backpulver,
250 g Butter, 50 g Haselnüsse,
100 g Zucker, 2 P. Vanillinzucker,
1 Prise Salz, 1 Ei;
100 g Puderzucker, 2 P. Vanillinzucker

Das Mehl und das Backpulver in eine Rührschüssel geben und mischen. Die Butter in Flöckchen schneiden und dazugeben. Die Haselnüsse mit der Raspelscheibe der Küchenmaschine oder einer Mandelmühle fein mahlen und zusammen mit dem Zucker, Vanillinzucker, Salz und dem Ei zum Mehl geben. Mit den Knethaken oder sehr kalten Händen einen glatten Teig kneten. 30 Minuten im Kühlschrank ruhen lassen.

Die Arbeitsfläche mit etwas Mehl bestreuen, die Hände ebenfalls bemehlen und aus dem Teig Rollen von etwa 1 cm Durchmesser formen. Diese Rollen in etwa 6 cm lange Stücke schneiden und Kipferl daraus biegen. Auf ein mit Backpapier ausgelegtes Backblech legen und backen.

Den Puderzucker in einen tiefen Teller sieben, mit dem Vanillinzucker vermischen und die heißen Kipferl darin wälzen.

Auf einem Kuchengitter auskühlen lassen und in einer Blechdose aufbewahren.

Butterplätzchen

Vorbereitungszeit: 10–15 Minuten

Ruhezeit: 30 Minuten

Zubereitungszeit: 30–40 Minuten

Backzeit:
Elektroherd:
10–15 Minuten bei 175 °C
Gasherd:
10–15 Minuten auf Stufe 2
Heißluftherd:
10–15 Minuten bei 170–180 °C

ergibt etwa: 65 Stück

Kalorien/Joule: 2654 / 11 104
pro Stück etwa: 41 / 171

250 g Mehl, 1 Msp. Backpulver, 150 g Butter, 125 g Zucker, 1 Ei, 2 P. Vanillinzucker, 1 Prise Salz

Das Mehl und das Backpulver in eine Rührschüssel geben und mischen. Die Butter in Flöckchen schneiden und dazugeben. Den Zucker, das Ei, den Vanillinzucker und das Salz hinzufügen und mit den Knethaken oder sehr kalten Händen einen glatten Teig kneten. 30 Minuten im Kühlschrank ruhen lassen.

Die Arbeitsfläche mit etwas Mehl bestreuen und den Teig in 2–3 Portionen (den Rest jeweils im Kühlschrank aufbewahren) etwa 2 mm dick darauf ausrollen. Mit Ausstechern verschiedene Formen ausstechen, auf ein mit Backpapier ausgelegtes Backblech legen und backen.

Mit dem Backpapier vorsichtig vom Blech auf das Kuchengitter ziehen und abkühlen lassen.

In Blech- oder Kunststoffdosen oder Folienbeuteln aufbewahren.

Zimtsterne

Vorbereitungszeit: 30–40 Minuten

Ruhezeit: 30 Minuten

Zubereitungszeit: 50–60 Minuten

Backzeit:
Elektroherd:
20–25 Minuten bei 150 °C
Gasherd:
20–25 Minuten auf Stufe 1
Heißluftherd:
20–25 Minuten bei 140–150 °C

ergibt etwa: 60 Stück

Kalorien/Joule: 3628 / 15 180
pro Stück etwa: 60 / 253

400 g ungeschälte Mandeln, 4 Eiweiß, 1 Prise Salz, 1/2 Zitrone, 250 g Zucker, 4–5 TL Zimt

Die Mandeln mit der feinen Raspelscheibe des Schnitzelwerks oder einer Mandelmühle fein mahlen.

Die Zitrone auspressen und den Saft in einen hohen Rührbecher geben, das Eiweiß und Salz hinzufügen und sehr steif schlagen (etwa 10 Minuten). Den Zucker dabei langsam einrieseln lassen.

Von dieser Masse 5 Eßlöffel abnehmen und zugedeckt beiseite stellen. Die gemahlenen Mandeln und den Zimt unter den restlichen Eischnee heben und 30 Minuten ruhen lassen.

Die Arbeitsfläche mit etwas Mehl bestreuen und die Mandelmasse portionsweise darauf ausrollen. Sterne ausstechen (den Ausstecher zwischendurch immer wieder mit Wasser abspülen), auf ein mit Backpapier ausgelegtes Blech legen und backen.

Nach etwa 15 Minuten aus dem Ofen nehmen, mit einem Messer den zurückbehaltenen Eischnee auf die Sterne streichen und noch einmal kurz in den Backofen schieben.

Auf einem Kuchengitter auskühlen lassen und in einer Blechdose aufbewahren.

Heidesand

Vorbereitungszeit: 10–15 Minuten

Ruhezeit: 1 Stunde

Zubereitungszeit: 10–15 Minuten

Backzeit:
Elektroherd:
10–15 Minuten bei 175 °C
Gasherd:
10–15 Minuten auf Stufe 2
Heißluftherd:
10–15 Minuten bei 170–180 °C

ergibt etwa: 50 Stück

Kalorien/Joule: 4539 / 18 991
pro Stück etwa: 91 / 380

250 g Butter, 250 g Zucker, 1 P. Vanillinzucker, 1 Prise Salz, 2 EL Rum, 375 g Mehl, 1 TL Backpulver, 50 g Hagelzucker

Die Butter im Topf schmelzen und leicht bräunen lassen. In eine Rührschüssel gießen und etwas abkühlen lassen.

Den Zucker, Vanillinzucker, den Rum und das Salz hinzufügen und schaumig rühren. Das Mehl und das Backpulver dazugeben und einen glatten Teig kneten.

Aus dem Teig eine Rolle mit etwa 3–4 cm Durchmesser formen, in dem Hagelzucker wälzen und, in Alufolie gewickelt, 1 Stunde im Kühlschrank ruhen lassen.

Die kalte Teigrolle aus der Alufolie nehmen und mit einem scharfen Messer in 1/2 cm dicke Scheiben schneiden. Auf einem mit Backpapier ausgelegten Backblech backen und zum Abkühlen auf ein Kuchengitter legen.

In einer Blechdose aufbewahren.

Linzer Törtchen

Vorbereitungszeit: 10–20 Minuten

Ruhezeit: 1 Stunde

Zubereitungszeit: 50–60 Minuten

Backzeit:
Elektroherd:
10–15 Minuten bei 175 °C
Gasherd:
10–15 Minuten auf Stufe 2
Heißluftherd:
10–15 Minuten bei 170–180 °C

ergibt etwa: 65 Stück

Kalorien/Joule: 6905 / 28 891
pro Stück etwa: 106 / 444

500 g Mehl, 1 Msp. Backpulver,
250 g Butter, 250 g Zucker,
125 g Mandeln, 2 Eier;
1 Glas Aprikosenkonfitüre oder
Himbeergelee, 2 EL Puderzucker

Das Mehl und das Backpulver in eine Rührschüssel geben und mischen. Die Butter in Flöckchen schneiden und dazugeben. Die Mandeln mit der feinen Raspelscheibe des Schnitzelwerks oder einer Mandelmühle mahlen und zusammen mit dem Zucker und den Eiern zum Mehl geben. Mit den Knethaken oder sehr kalten Händen einen glatten Teig kneten. 1 Stunde im Kühlschrank ruhen lassen.

Die Arbeitsfläche mit etwas Mehl bestreuen. Den Teig halbieren, eine Hälfte etwa 2–3 mm dick ausrollen, den Rest im Kühlschrank aufbewahren.

Mit einem Ausstecher oder einem in Mehl getauchten Glas runde Plätzchen ausstechen und auf dem mit Backpapier ausgelegten Blech backen.

Die 2. Teighälfte ebenfalls ausrollen und die gleiche Menge Plätzchen ausstechen. Mit einem kleineren Ausstecher oder Glas jeweils in der Mitte einen Kreis ausstechen, so daß Ringe entstehen. Diese vorsichtig auf einen Bogen Backpapier legen und mit dem Papier auf das wieder freigewordene Blech ziehen. Die Plätzchen nach dem Backen auf einem Kuchengitter abkühlen lassen.

Die Konfitüre mit einer Gabel glattrühren und mit einem Messer auf die runden Plätzchen streichen. Auf jedes Plätzchen einen Ring setzen und durch ein Sieb mit dem Puderzucker bestäuben.

In Blech- oder Kunststoffdosen aufbewahren, dabei zwischen die einzelnen Schichten Cellophanpapier oder Alufolie legen.

Kokosmakronen

Vorbereitungszeit: 10–15 Minuten

Ruhezeit: 30 Minuten

Zubereitungszeit: 15–20 Minuten

Backzeit:
Elektroherd:
20–30 Minuten bei 175 °C
Gasherd:
20–30 Minuten auf Stufe 2
Heißluftherd:
20–30 Minuten bei 140–150 °C

ergibt etwa: 40 Stück

Kalorien/Joule: 2068 / 8653
pro Stück etwa: 52 / 216

4 Eiweiß, 1 Prise Salz, 1 TL Zitronenzucker oder abgeriebene Zitronenschale, 200 g Zucker, 200 g Kokosraspeln

Das Eiweiß, das Salz und den Zitronenzucker oder die abgeriebene Zitronenschale in eine Rührschüssel geben und in etwa 10 Minuten sehr steif schlagen. Dabei den Zucker langsam einrieseln lassen. Die Kokosraspeln leicht unterheben und die Masse 30 Minuten ruhen lassen.

Mit 2 Teelöffeln kleine Häufchen auf ein mit Backpapier ausgelegtes Backblech setzen und backen.

Auf einem Kuchengitter abkühlen lassen und in Blech- oder Kunststoffdosen aufbewahren.

Isoldes Spritzgebäck

Vorbereitungszeit: 10–15 Minuten

Ruhezeit: evtl. 30 Minuten

Zubereitungszeit: 20–30 Minuten

Backzeit:
Elektroherd:
15–20 Minuten bei 175 °C
Gasherd:
15–20 Minuten auf Stufe 3
Heißluftherd:
25–30 Minuten bei 140–150 °C

ergibt etwa: 200 Stück

Kalorien/Joule: 10 238 / 42 836
pro Stück etwa: 51 / 214

500 g Butter, 360 g Zucker, 3 Eier, 1 Fläschchen Vanillearoma, 250 g Hasselnüsse, 750 g Mehl; 100 g Kuvertüre

Die Butter, den Zucker, die Eier und das Vanillearoma in eine Rührschüssel geben und mit dem Rührbesen sehr schaumig schlagen.

Die Haselnüsse mit der feinen Raspelscheibe des Schnitzelwerks oder einer Mandelmühle mahlen und zusammen mit dem Mehl dazugeben. Einen glatten Teig rühren.

Bei Verwendung eines Fleischwolfs 30 Minuten kühl stellen, sonst sofort in den Spritzbeutel füllen. Mit dem Spritzbeutel können Streifen, Ringe oder S-Formen direkt auf ein mit Backpapier ausgelegtes Blech gespritzt werden. Leichter läßt sich der Teig jedoch mit einem Fleischwolf verarbeiten; er wird durch den entsprechenden Vorsatz auf die Fingerspitzen gedreht, vorsichtig auf das Backpapier gelegt und gebakken.

In der Zwischenzeit die Kuvertüre im Wasserbad schmelzen lassen, die Spitzen des fertigen Spritzgebäcks hineintauchen und auf einem Kuchengitter abkühlen lassen.

In einer Blechdose aufbewahren.

Londoner Stangen

Vorbereitungszeit: 20–30 Minuten

Zubereitungszeit: 30–40 Minuten

Backzeit:
Elektroherd:
50–60 Minuten bei 150 °C
Gasherd:
50–60 Minuten auf Stufe 1
Heißluftherd:
40–50 Minuten bei 160–170 °C

ergibt etwa: 50 Stück

Kalorien/Joule: 7795 / 32 614
pro Stück etwa: 155 / 652

6 Eiweiß, 150 g Zucker, 200 g Mandeln; 250 g Butter, 200 g Zucker, 6 Eigelb, 2 TL Zitronenzucker, 1 P. Vanillinzucker, 250 g Mehl;

1 Glas Aprikosenkonfitüre, 100 g gehackte Mandeln

Das Eiweiß in einem Rührbecher in etwa 10 Minuten sehr steif schlagen, dabei den Zucker einrieseln lassen. Die Mandeln fein mahlen, leicht unterziehen und beiseite stellen.

Die Butter zusammen mit dem Zucker und dem Eigelb schaumig rühren, den Zitronenzucker, Vanillinzucker und das Mehl hinzufügen und einen glatten Teig rühren.

Backpapier in der Größe des Bleches abschneiden und den Teig mit einem Teigschaber daraufstreichen.

Die Aprikosenkonfitüre in einem Topf erwärmen, mit einer Gabel glattrühren und mit einer Palette auf dem Teig verteilen. Die Konfitüre mit der Eischneemasse bedecken und mit den gehackten Mandeln bestreuen. Das Backpapier vorsichtig auf das Blech ziehen und backen.

Nach dem Backen sofort mit einem scharfen Messer in 3 x 6 cm große Streifen schneiden und auf einem Kuchengitter abkühlen lassen.

In einer Blechdose aufbewahren.

Liegnitzer Bomben

Vorbereitungszeit: 40–50 Minuten

Zubereitungszeit: 40–50 Minuten

Backzeit:
Elektroherd:
20–30 Minuten bei 200 °C
Gasherd:
20–30 Minuten auf Stufe 3
Heißluftherd:
30–40 Minuten bei 170–180 °C

ergibt etwa: 18 Stück

Kalorien/Joule: 6560 / 27 447
pro Stück etwa: 364 / 1525

200 g Honig, 125 g Zucker, 50 g Butter, 5 EL Sahne, 2 Eier, 1 TL Zimt, 1 TL Lebkuchengewürz, 1 P. Vanillinzucker, 250 g Mehl, 3 EL Kakao, 2 TL Backpulver, 50 g Korinthen, 50 g Zitronat, 50 g Mandeln;
50 g Mandeln, 50 g Haselnüsse, 50 g Sultaninen, 100 g Marzipanrohmasse, 100 g Aprikosenkonfitüre, 1/8 l Rum;
200 g Kuvertüre

Den Honig, den Zucker, die Butter und die Sahne in einen Topf geben und unter Rühren erwärmen, bis eine glatte Masse entstanden ist. In eine Rührschüssel geben.

Die Eier, die Gewürze und den Vanillinzucker schaumig schlagen und löffelweise unter die Honigmasse rühren. Das Mehl mit dem Kakao und dem Backpulver mischen und dazugeben. Zusammen mit den Korinthen, dem gewürfelten Zitronat und den gehackten Mandeln zu einem glatten Teig rühren.

Für die Füllung die Mandeln und Haselnüsse fein mahlen, mit den Sultaninen, der Marzipanrohmasse, der Konfitüre und dem Rum gut verrühren.

Aus „extra starker" Alufolie Quadrate von etwa 15 cm Seitenlänge schneiden, die Stücke über einem Glas zu Näpfchen formen und mit Margarine einfetten.

In die Näpfchen 1–2 Eßlöffel Teig geben, darauf 1 oder 2 Teelöffel Füllung und wieder etwas Teig. Auf das Backblech stellen und backen. Den übrigen Teig und die Füllung ebenso verarbeiten und backen.

Die Kuvertüre im Wasserbad schmelzen lassen, die Bomben aus der Alufolie lösen, mit Kuvertüre überziehen und auf einem Kuchengitter auskühlen lassen.

In einer Blechdose aufbewahren.

Die Näpfchen formen

Den Teig einfüllen

Die Bomben überziehen

Nougatbusserl

Vorbereitungszeit: 20–30 Minuten

Zubereitungszeit: 40–50 Minuten

Backzeit:
Elektroherd:
20–30 Minuten bei 150 °C
Gasherd:
20–30 Minuten auf Stufe 1
Heißluftherd:
25–30 Minuten bei 140–150 °C

ergibt etwa: 20 Stück

Kalorien/Joule: 4265 / 17 845
pro Stück etwa: 213 / 892

2 Eiweiß, 140 g Zucker,
75 g Haselnüsse, 75 g Mandeln;
1/2 Glas Nußnougatcreme, Kuvertüre

Das Eiweiß in einen Rührbecher geben und in etwa 10 Minuten zu sehr festem Schnee schlagen. Dabei den Zukker einrieseln lassen.

Die Haselnüsse und die Mandeln mit der Raspelscheibe des Schnitzelwerks oder einer Mandelmühle fein mahlen und leicht unter den Eischnee ziehen.

Ein Backblech mit Backpapier auslegen. Die Eiweiß-Mandel-Masse in einen Spritzbeutel mit glatter Tülle füllen und Häufchen von etwa 3 cm Durchmesser auf das Papier spritzen, backen und auf einem Kuchengitter abkühlen lassen.

Jeweils 2 der Plätzchen auf der Unterseite mit Nußnougatcreme bestreichen und zusammensetzen. Die Kuvertüre im Wasserbad schmelzen lassen und die Busserl mit einer Seite hineintauchen.

In einer Blech- oder Kunststoffdose aufbewahren.

Schokoladenbrezel

Vorbereitungszeit: 10–20 Minuten

Ruhezeit: 1 Stunde

Zubereitungszeit: 50–60 Minuten

Backzeit:
Elektroherd:
10–15 Minuten bei 175 °C
Gasherd:
10–15 Minuten auf Stufe 2
Heißluftherd:
10–15 Minuten bei 170–180 °C

ergibt etwa: 70 Stück

Kalorien/Joule: 3911 / 16 364
pro Stück etwa: 56 / 234

300 g Mehl, 100 g Zucker, 100 g Marzipanrohmasse, 1 Prise Salz, 1/2 TL Zimt, 1 P. Schokoladenpuddingpulver, 150 g Butter, 2 Eier;

1 P. Schokoladenfettglasur, kleine Zuckerperlen

Das Mehl und den Zucker in eine Rührschüssel geben. Die Marzipanrohmasse in Stückchen schneiden und hinzugeben, das Salz, den Zimt und das Puddingpulver ebenfalls. Die Butter in Flöckchen schneiden, darüber verteilen und die Eier hinzufügen. Mit den Knethaken zu einem glatten Teig verarbeiten und im Kühlschrank 1 Stunde ruhen lassen.

Die Arbeitsfläche mit etwas Mehl bestreuen. Dann jeweils ein walnußgroßes Teigstückchen abnehmen und mit den Fingerspitzen zu einer dünnen Wurst rollen. Auf einem mit Backpapier ausgelegten Backblech zu einer Brezel schlingen und backen.

Die Schokoladenfettglasur im Wasserbad schmelzen lassen, die Brezel damit überziehen und mit den Zuckerperlen (Liebesperlen) bestreuen. Auf einem Kuchengitter abkühlen lassen.

In einer Blech- oder Kunststoffdose aufbewahren.

Orangen-Schokoladen-Kekse

Vorbereitungszeit: 20–30 Minuten

Ruhezeit: 1 Stunde

Zubereitungszeit: 20–30 Minuten

Backzeit:
Elektroherd:
15–20 Minuten bei 175 °C
Gasherd:
15–20 Minuten auf Stufe 2
Heißluftherd:
10–15 Minuten bei 170–180 °C

ergibt etwa: 40 Stück

Kalorien/Joule: 2795 / 11 694
pro Stück etwa: 70 / 292

250 g Mehl, 1 TL Backpulver,
125 g Butter, 125 g Zucker, 1 Ei,
2 EL Orangenmarmelade,
1 EL Orangenlikör, 1 EL Milch,
50 g Zartbitterschokolade

Das Mehl mit dem Backpulver mischen und in eine Rührschüssel geben. Die Butter in Flöckchen schneiden und darüber verteilen, den Zucker und das Ei hinzufügen und mit den Knethaken zu einem glatten Teig verarbeiten.

Den Teig halbieren. Eine Hälfte des Teiges mit der Orangenmarmelade und dem Orangenlikör verkneten und kalt stellen.

In einem Topf die Schokolade in der Milch schmelzen lassen. Etwas abgekühlt unter die 2. Teighälfte kneten, kalt stellen und 1/2 Stunde ruhen lassen.

Die Arbeitsfläche mit etwas Mehl bestreuen und den Schokoladenteig etwa 1/2 cm dick rechteckig darauf ausrollen. Den Orangenteig zu einer Rolle formen und in den Schokoladenteig einrollen. Noch einmal 1/2 Stunde kalt stellen. Dann mit einem sehr scharfen Messer in 1/2 cm dicke Scheiben schneiden, auf ein mit Backpapier ausgelegtes Backblech legen und backen.

Auf einem Kuchengitter auskühlen lassen und in einer Blechdose aufbewahren.

Haferflockenmakronen

Vorbereitungszeit: 10–20 Minuten

Zubereitungszeit: 10–20 Minuten

Backzeit:
Elektroherd:
20–25 Minuten bei 175 °C
Gasherd:
20–25 Minuten auf Stufe 2
Heißluftherd:
25–30 Minuten bei 160–170 °C

ergibt etwa: 50 Stück

Kalorien/Joule: 2595 / 10857
pro Stück etwa: 52 / 217

250 g brauner Zucker, 60 g Butter, 2 Eier, 1 P. Vanillinzucker, 250 g Haferflocken, 1 EL Kakao

Den Zucker, die Butter, die Eier und den Vanillinzucker in eine Rührschüssel geben und schaumig rühren. Die Haferflocken mit dem Kakao mischen, dazugeben und kurz unterrühren.

Ein Backblech mit Backpapier auslegen, mit 2 Löffeln kleine Häufchen der Haferflockenmasse daraufsetzen und backen.

In einem Folienbeutel aufbewahren.

Himbeertaler

Vorbereitungszeit: 10–15 Minuten

Zubereitungszeit: 30–40 Minuten

Backzeit:
Elektroherd:
10–20 Minuten bei 175 °C
Gasherd:
10–20 Minuten auf Stufe 2
Heißluftherd:
15–20 Minuten bei 170–180 °C

ergibt etwa: 100 Stück

Kalorien/Joule: 4306 / 18016
pro Stück etwa: 45 / 180

200 g Butter, 200 g Zucker,
1 P. Vanillinzucker, 1 Ei, 1 Prise Salz,
50 g Marzipanrohmasse,
150 g Himbeergelee, 300 g Mehl;
150 g Puderzucker, 2–3 EL Himbeergeist, 1 Tropfen rote Lebensmittelfarbe

Die Butter, den Zucker, den Vanillinzucker, das Ei und Salz in eine Rührschüssel geben und schaumig rühren. Die Marzipanrohmasse und das Himbeergelee hinzufügen und gut unterrühren. Zuletzt das Mehl hinzufügen und einen glatten Teig rühren.

Ein Backblech mit Backpapier auslegen, den Teig in einen Spritzbeutel mit glatter Tülle füllen und in etwas größerem Abstand Tupfen darauf spritzen. Backen und auf einem Kuchengitter abkühlen lassen.

Den Puderzucker in eine Tasse geben, den Himbeergeist und die Lebensmittelfarbe dazugeben und mit einer Gabel glattrühren. Den Zuckerguß mit einem Löffel über die Himbeertaler träufeln.

In einer Blechdose aufbewahren.

Marzipanherzen

Vorbereitungszeit: 10–20 Minuten

Ruhezeit: 30 Minuten

Zubereitungszeit: 60–80 Minuten

Backzeit:
Elektroherd:
5–10 Minuten bei 200 °C
Gasherd:
5–10 Minuten auf Stufe 3
Heißluftherd:
10–15 Minuten bei 170–180 °C

ergibt etwa: 30 Stück

Kalorien/Joule: 3908 / 16351
pro Stück etwa: 130 / 545

175 g Mehl, 75 g Speisestärke,
1 Msp. Backpulver, 165 g Butter,
65 g Zucker, 1 Ei,
1 P. Vanillinzucker, 1 Prise Salz;
1/2 Glas Aprikosenkonfitüre,
150 g Marzinpanrohmasse,
50 g Puderzucker;
1 Becher Schokoladenglasur,
Mandeln, Pistazien oder
halbe Walnüsse

Das Mehl, die Speisestärke und das Backpulver in eine Rührschüssel geben und mischen. Die Butter in Flöckchen schneiden und dazugeben. Den Zucker, das Ei, den Vanillinzucker und das Salz hinzufügen und mit den Knethaken oder sehr kalten Händen einen glatten Teig kneten. 30 Minuten im Kühlschrank ruhen lassen.

Die Arbeitsfläche mit etwas Mehl bestreuen und den Teig etwa 2 mm dick darauf ausrollen. Eine gerade Anzahl Herzen ausstechen, auf einem mit Backpapier ausgelegten Backblech backen und auf einem Kuchengitter auskühlen lassen.

Die Aprikosenkonfitüre mit einer Gabel glattrühren und mit einem Messer auf die Unterseiten der Teigherzen streichen.

Die Marzipanrohmasse und den Puderzucker verkneten, zwischen Pergamentpapier dünn ausrollen und ebenfalls Herzen ausstechen. Je 1 Marzipanherz zwischen 2 Teigherzen legen und zusammensetzen.

Die Schokoladenglasur im Wasserbad schmelzen lassen, die gefüllten Herzen damit überziehen und mit je 1 Mandel, 1 Pistazie oder 1/2 Walnuß besetzen.

In einer Blechdose aufbewahren, dabei zwischen die einzelnen Schichten Pergamentpapier oder Alufolie legen.

Zuckerplätzchen

Vorbereitungszeit: 10–20 Minuten

Ruhezeit: 1 Stunde

Zubereitungszeit: 50–60 Minuten

Backzeit:
Elektroherd:
10–15 Minuten bei 200 °C
Gasherd:
10–15 Minuten auf Stufe 3
Heißluftherd:
10–15 Minuten bei 170–180 °C

ergibt etwa: 75 Stück

Kalorien/Joule: 3536 / 14795
pro Stück etwa: 47 / 197

250 g Mehl, 1/2 P. Backpulver, 100 g Butter, 100 g Zucker, 1 Ei, 100 g Mandeln;

1 Eiweiß, 150 g Puderzucker, Lebensmittelfarben, gehackte Pistazien oder Mandeln, Zuckerperlen, Silberperlen oder Schokoladenstreusel

Das Mehl mit dem Backpulver mischen und in eine Rührschüssel geben. Die Butter in Flöckchen schneiden und zusammen mit dem Zucker und dem Ei dazugeben. Die Mandeln fein mahlen und darüberstreuen. Alles mit den Knethaken zu einem glatten Teig verarbeiten und 1 Stunde im Kühlschrank ruhen lassen.

Die Arbeitsfläche mit etwas Mehl bestreuen, den Teig 2–3 mm dick darauf ausrollen und verschiedene Formen ausstechen. Auf ein mit Backpapier ausgelegtes Blech legen und backen. Auf einem Kuchengitter abkühlen lassen.

Das Eiweiß zu steifem Schnee schlagen, den Puderzucker sieben und unterrühren. Diesen Zuckerguß in Schüsselchen geben und mit Lebensmittelfarben einfärben. Die Plätzchen damit überziehen oder bemalen und mit Pistazien, Mandeln, Zuckerperlen, Silberperlen oder Schokoladenstreuseln verzieren.

In einer Blech- oder Kunststoffdose aufbewahren.

Basler Leckerli

Vorbereitungszeit: 30–40 Minuten

Ruhezeit: 12–24 Stunden

Zubereitungszeit: 40–50 Minuten
Backzeit:
Elektroherd:
20–25 Minuten bei 175 °C
Gasherd:
20–25 Minuten auf Stufe 2
Heißluftherd:
25–30 Minuten bei 160–170 °C

ergibt etwa: 60 Stück

Kalorien/Joule: 4373 / 18 297
pro Stück etwa: 73 / 305

250 g Honig, 125 g Zucker, 1 EL Zimt,
1 TL gemahlene Nelken,
1 Msp. geriebene Muskatnuß,
60 g Zitronat, 60 g Orangeat,
150 g Mandeln, 1/2 TL Pottasche,
1 Glas (2 cl) Kirschwasser, 350 g Mehl;
150 g Puderzucker,
1–2 Gläser (2 cl) Kirschwasser

Den Honig in einen Topf geben und unter Rühren schmelzen lassen, in eine Rührschüssel geben und zusammen mit dem Zucker und den Gewürzen verrühren.

Das Zitronat, das Orangeat und die Mandeln nacheinander mit der Raspelscheibe des Schnitzelwerks oder einer Mandelmühle fein mahlen und zu der Honigmasse geben.

Die Pottasche im Kirschwasser auflösen, zusammen mit dem Mehl in die Rührschüssel geben und mit den anderen Zutaten zu einem glatten Teig verkneten. Mindestens über Nacht ruhen lassen.

Die Arbeitsfläche mit etwas Mehl bestreuen, den Teig darauf etwa 1 cm dick ausrollen und in kleine Rechtecke schneiden. Auf ein mit Backpapier ausgelegtes Backblech legen und backen.

Den Puderzucker und das Kirschwasser in einer kleinen Schüssel glattrühren, die Leckerli damit bepinseln und auf einem Kuchengitter abkühlen lassen.

In einem zugedeckten Steinguttopf aufbewahren.

Tip: Etwas schneller kann die Zubereitung erfolgen, wenn man den Teig direkt auf dem Backblech ausrollt und erst nach dem Backen schneidet.

Honigkuchenfiguren

Vorbereitungszeit: 40–50 Minuten

Ruhezeit: 24 Stunden

Zubereitungszeit: 2–3 Stunden

Backzeit:
Elektroherd:
15–20 Minuten bei 200 °C
Gasherd:
15–20 Minuten auf Stufe 3
Heißluftherd:
20–30 Minuten bei 160–170 °C

ergibt etwa: 5–6 große Engel (siehe Titelbild) oder andere Figuren

Kalorien/Joule: 9216 / 38 560
pro Stück etwa: 1536 / 6427

450 g Honig, 4 Eier, 350 g Zucker, 80 g Orangeat, 60 g Zitronat, 150 g Mandeln, 1 Tütchen Lebkuchengewürz, 1/4 TL Salz, 1 kg Mehl, 1 EL Natron;
1 Eiweiß, 250 g Puderzucker, Lebensmittelfarben, Marzipanrohmasse, Mandelblättchen, Zuckerperlen, Silberperlen, Lakritzstangen, Schokolinsen, Schokoladenplätzchen, Rosinen, Pistazien, Zuckerblumen, Zuckerstreusel

Den Honig in einem Topf bei milder Hitze flüssig werden lassen.

Die Eier und den Zucker in eine Rührschüssel geben und mit dem Rührbesen in 10 Minuten schaumig rühren.

Den inzwischen abgekühlten Honig unterrühren. Das Orangeat und Zitronat und die Mandeln nacheinander mit der Raspelscheibe des Schnitzelwerkes oder einer Mandelmühle fein mahlen. Zusammen mit dem Lebkuchengewürz und dem Salz unter die Honig-Eier-Masse kneten.

Das Mehl mit dem Natron mischen, hinzufügen und mit dem Knethaken oder den Händen einen glatten Teig kneten. Mindestens 1 Tag ruhen lassen.

Backpapier in der Größe eines Backblechs abschneiden (die Teigmenge ergibt etwa 3 Bleche) und den Teig fingerdick darauf ausrollen und backen.

In der Zwischenzeit aus dünner Pappe Schablonen ausschneiden. Sofort auf den gebackenen Teig legen und mit einem scharfen Messer die gewünschten Figuren ausschneiden. Mit einer Palette vorsichtig vom Backblech heben und auf einem Kuchengitter abkühlen lassen.

Für die Verzierung das Eiweiß zu steifem Schnee schlagen und den Puderzucker hinzufügen. Von diesem Zuckerguß jeweils die gewünschte Menge mit Lebensmittelfarben einfärben. Marzipanrohmasse, mit etwas Puderzucker und 1–2 Tropfen roter Lebensmittelfarbe verknetet und dünn ausgerollt, kann für Gesichter und Hände zugeschnitten werden. Die Rückseite wird dünn mit Zuckerguß bestrichen und auf den Honigkuchen aufgeklebt.

Der Zuckerguß kann in einen Spritzbeutel mit ganz feiner Tülle oder in kleine spitze Papiertüten gefüllt werden. Wenn man die Spitze abschneidet, kann man Linien, Ornamente und evtl. auch Schriftzüge spritzen.

Die Süßigkeiten erhalten auf der Rückseite einen Tupfer Zuckerguß und werden damit aufgeklebt. Größere Flächen, die z. B. mit Zuckerperlen bestreut werden sollen, erhalten erst einen Zukkerguß, auf den dann sofort die Verzierung aufgestreut wird.

Die Honigkuchenfiguren können mit viel Phantasie verziert werden. Anregungen geben das Titelbild und die Rückseite dieses Buches.

Die Figuren nach dem Trocknen des Zuckergusses einzeln in Klarsichtfolie verpacken und aufbewahren oder verschenken.

Honigkuchenwürfel

Vorbereitungszeit: 10–15 Minuten

Zubereitungszeit: 20–30 Minuten

ergibt etwa: 100 Stück

Kalorien/Joule: 7075 / 29 602
pro Stück etwa: 70 / 300

500 g Honigkuchen (Reste, die beim Ausschneiden der Honigkuchen-Figuren übrigbleiben) oder 1 Paket Holländischer Frühstückskuchen, 250 g Kokosfett, 250 g Puderzucker, 1 P. Vanillinzucker, 3 Eier, 150 g Blockschokolade, 200 g Kokosraspeln

Den Honigkuchen oder Frühstückskuchen in 2 bis 3 cm große Würfel schneiden.

Das Kokosfett im Wasserbad schmelzen lassen, in eine Rührschüssel geben und zusammen mit dem Puderzucker, dem Vanillinzucker und den Eiern schaumig rühren.

Die Blockschokolade ebenfalls im Wasserbad flüssig werden lassen und unterrühren.

Die Honigkuchenwürfel dazugeben und mit einer Gabel vorsichtig umrühren, so daß die Würfel nicht zerbröckeln, jedoch rundherum mit der Schokoladenmasse bedeckt sind.

Die Kokosraspeln in eine Schüssel geben, die Honigkuchenwürfel mit der Gabel einzeln aus der Rührschüssel nehmen und in den Kokosraspeln wälzen. Auf Alufolie legen und kalt stellen.

In einer Keramik- oder Kunststoffdose kühl aufbewahren.

Nuß-Früchte-Kuchen

Vorbereitungszeit: 20–30 Minuten

Zubereitungszeit: 10–15 Minuten

Backzeit:
Elektroherd:
80–90 Minuten bei 175 °C
Gasherd:
80–90 Minuten auf Stufe 2
Heißluftherd:
80–90 Minuten bei 150–160 °C

ergibt etwa: 15 Scheiben

Kalorien/Joule: 4713 / 19719
pro Stück etwa: 314 / 1315

2 Eier, 100 g Zucker,
2 P. Vanillinzucker, 1 Prise Salz,
75 g Mehl, 1/2 TL Zimt,
100 g Walnußkerne, 200 g Paranußkerne, 100 g Datteln, 200 g Feigen,
100 g kandierte Kirschen,
100 g gewürfeltes Zitronat,
100 g gewürfeltes Orangeat

Die Eier zusammen mit dem Zucker, dem Vanillinzucker und dem Salz schaumig rühren. Das Mehl mit dem Zimt mischen, dazugeben und einen glatten Teig rühren.

Die Paranußkerne halbieren, die Datteln und Feigen grob schneiden. Alle Nüsse und Früchte in den Teig geben und unterrühren.

Backpapier für eine Kastenform zuschneiden und die Form damit auslegen. Den Teig hineinfüllen und backen.

Nach Ende der Backzeit den Kuchen ohne weitere Energiezufuhr noch 15 Minuten im Backofen stehenlassen. Dann auf ein Kuchengitter stürzen, das Backpapier abziehen und abkühlen lassen.

Den Kuchen in Alufolie verpacken und vor dem Verzehr noch mindestens 1 Woche kühl lagern.

Gefüllter Stollen

Vorbereitungszeit: 30–40 Minuten

Ruhezeit: 2 Stunden

Zubereitungszeit: 20–30 Minuten

Backzeit:
Elektroherd:
50–60 Minuten bei 175 °C
Gasherd:
50–60 Minuten auf Stufe 2
Heißluftherd:
60–70 Minuten bei 160–170 °C

ergibt etwa: 20 Scheiben

Kalorien/Joule: 7169 / 29 995
pro Stück etwa: 358 / 1500

500 g Mehl, 2 P. Hefe, 1/8 l Milch,
100 g Butter, 50 g Schweineschmalz,
100 g Zucker, 1 Msp. Salz, 2 Eier,
1 Glas (2 cl) Rum, 1 P. Vanillinzucker,
100 g Zitronat, 100 g Mandeln,
100 g Sultaninen;
100 g Mandeln, 50 g Pistazien,
150 g Marzipanrohmasse, 1 Eiweiß,
2 P. Vanillinzucker;
50 g Butter, 50 g Puderzucker

Das Mehl in eine Rührschüssel geben, die Hefe mit den Fingern zerbröckeln und darüberstreuen. Die Milch in einem Topf erwärmen, die Butter und das Schweineschmalz darin schmelzen lassen und zusammen mit dem Zucker, dem Salz und den Eiern zum Mehl geben. Mit den Knethaken oder den Händen einen glatten Teig kneten.

Das Zitronat in kleine Würfel schneiden und die Mandeln grob hacken. Zusammen mit dem Rum, dem Vanillinzukker und den Sultaninen in den Teig kneten. 1 Stunde gehen lassen.

In der Zwischenzeit die Mandeln und die Pistazien mit der Raspelscheibe des Schnitzelwerks oder einer Mandelmühle fein mahlen. Das Eiweiß in einem hohen Rührbecher zu Schnee schlagen und den Vanillinzucker einrieseln lassen. Die Marzipanrohmasse grob hakken und zusammen mit den gemahlenen Mandeln und Pistazien und dem Eischnee verkneten.

Backpapier in der Größe eines Bleches abschneiden und mit etwas Mehl bestreuen. Den gegangenen Teig zu einem 4 cm dicken Rechteck darauf ausrollen. Aus der Marzipan-Mandel-Masse eine Rolle in der Länge des Rechtecks formen und in die Mitte der Teigplatte legen. Den Teig von beiden Seiten darüberschlagen, so daß ein Stollen entsteht. Das Backpapier vorsichtig auf das Blech ziehen und den Stollen bakken.

Die restliche Butter in eine Tasse geben und während der letzten 10 Minuten der Backzeit mit in den Backofen stellen. Den heißen Stollen mit der geschmolzenen Butter bestreichen und durch ein Sieb mit Puderzucker bestäuben.

Auf einem Kuchengitter auskühlen lassen und in Alufolie gewickelt aufbewahren.

Fruchtige Festtagstorte

Vorbereitungszeit: 20–30 Minuten

Zubereitungszeit: 20–30 Minuten

Backzeit:
Elektroherd:
zweimal 15–20 Minuten bei 200 °C
Gasherd:
zweimal 15–20 Minuten auf Stufe 3
Heißluftherd:
zweimal 20–25 Minuten bei 170–180 °C

ergibt etwa: 16 Stücke

Kalorien/Joule: 5944 / 24 870
pro Stück etwa: 372 / 1554

4 Eiweiß, 200 g Zucker,
100 g Margarine, 4 Eigelb,
125 g Zucker, 150 g Mehl,
1/2 P. Backpulver, 100 g Mandelblättchen;
1 Glas Stachelbeeren (oder anderes säuerliches Obst, z. B. Johannisbeeren),
2 P. Tortenguß, 2 EL Zucker,
2 Becher Schlagsahne, 2 P. Vanillinzucker, 2 P. Sahnefestiger,
1–2 EL Puderzucker

Das Eiweiß in einem hohen Rührbecher in etwa 10 Minuten sehr steif schlagen. Dabei den Zucker einrieseln lassen. Beiseite stellen.

Die Margarine zusammen mit dem Eigelb und dem Zucker schaumig rühren, das Mehl mit dem Backpulver mischen, dazugeben und zu einem glatten Teig verarbeiten.

Eine Springform mit etwas Butter einfetten. Den Teig teilen und den Boden der Springform mit einer Hälfte bestreichen. Den Rand darumlegen, die Hälfte des Eischnees darauf verteilen und die Hälfte der Mandelblättchen daraufstreuen. Backen und noch einen 2. Boden herstellen.

Den 1. Boden auf einem Kuchengitter auskühlen lassen, den 2. mit einem Messer von der Form lösen, sofort in 16 Stücke schneiden und auf dem Springformboden abkühlen lassen.

Die Stachelbeeren in ein Sieb schütten, den Saft auffangen, 1/4 l abmessen und erhitzen. Den Tortenguß mit dem Zucker vermischen und mit etwas Saft glattrühren, zum übrigen Saft gießen und aufkochen lassen.

Die Stachelbeeren mit dem Tortenguß vermischen, auf den unteren Teigboden geben und abkühlen lassen.

In der Zwischenzeit die Sahne steif schlagen, den Sahnefestiger mit dem Vanillinzucker mischen und einrieseln lassen. Die Sahne auf den Stachelbeeren verteilen und den geschnittenen Boden auf der Sahne wieder zusammensetzen. Durch ein Sieb mit dem Puderzucker bestäuben.

Christstollen

Vorbereitungszeit: 20–30 Minuten

Ruhezeit: 2 Stunden

Zubereitungszeit: 10–20 Minuten

Backzeit:
Elektroherd:
50–60 Minuten bei 175 °C
Gasherd:
50–60 Minuten auf Stufe 2
Heißluftherd:
60–70 Minuten bei 160–170 °C

ergibt etwa: 20 Scheiben

Kalorien/Joule: 6370 / 26 652
pro Stück etwa: 319 / 1333

500 g Mehl, 50 g Hefe, 150 g Zucker,
1/8 l Milch, 125 g Butter, 2 Eier,
1 Prise Salz, 100 g Korinthen,
150 g Sultaninen, 50 g Zitronat,
50 g Orangeat, 200 g Mandeln,
1 TL Zitronenzucker,
1 Glas (2 cl) Rum;
50 g Butter, 50 g Puderzucker

Das Mehl in eine Rührschüssel geben, die Hefe mit den Fingern zerbröckeln und darüberstreuen und den Zucker dazugeben. Die Milch in einem Topf erwärmen, die Butter darin schmelzen lassen und zusammen mit den Eiern und dem Salz zum Mehl geben. Mit den Knethaken kneten, bis sich Blasen bilden und sich der Teig vom Schüsselrand löst. 1 Stunde gehen lassen.

In der Zwischenzeit das Zitronat und Orangeat in kleine Würfel schneiden und die Mandeln hacken. Mit den Korinthen und Sultaninen vermischen und zusammen mit dem Zitronenzucker und dem Rum unter den Teig kneten. Noch einmal gehen lassen: entweder 1 Stunde an einem warmen Ort (im 50 °C warmen Backofen bei geöffneter Tür oder in Heizungsnähe) oder über Nacht in einem kühlen Raum.

Den Teig noch einmal durchkneten, einen Stollen formen und auf einem mit Backpapier ausgelegten Backblech backen. Damit er nicht zu breit auseinanderläuft, kann man eine Manschette aus Alufolie falten und um den Stollen legen.

Die restliche Butter in eine Tasse geben und während der letzten 10 Minuten der Backzeit mit in den Backofen stellen. Den heißen Stollen mit der geschmolzenen Butter bestreichen und durch ein Sieb mit Puderzucker bestäuben.

Auf einem Kuchengitter auskühlen lassen und in Alufolie gewickelt aufbewahren.

Tip: Den Christstollen kann man auch mit einer „Stollenhaube" in Form halten. Der Teig wird in die gefettete Haube gefüllt und diese dann umgedreht auf das Backblech gesetzt. Die Backzeit verlängert sich um etwa 10 Minuten.

Weihnachtstorte

Vorbereitungszeit: 20–30 Minuten

Zubereitungszeit: 40–50 Minuten

Backzeit:
Elektroherd:
70–80 Minuten bei 175 °C
Gasherd:
70–80 Minuten auf Stufe 2
Heißluftherd:
60–70 Minuten bei 170–180 °C

ergibt etwa: 16 Stücke

Kalorien/Joule: 5676 / 23 748
pro Stück etwa: 355 / 1484

150 g Margarine, 200 g Zucker, 1 P. Vanillinzucker, 1 Prise Salz, 1/2 TL Zimt, 6 Eigelb, 200 g Vollmilchschokolade, 3 EL Milch, 125 g Mandeln, 125 g Löffelbiskuits, 1 TL Backpulver, 6 Eiweiß, etwas Butter, Semmelbrösel; 1 Becher Schokoladenfettglasur, 50 g Marzipanrohmasse, 1–2 EL Puderzucker

Die Margarine zusammen mit dem Zucker, Vanillinzucker, Salz, Zimt und den Eigelben schaumig rühren. Die Schokolade in der Milch schmelzen lassen und hinzufügen. Die Mandeln und die Biskuits nacheinander fein mahlen, mit dem Backpulver vermischen und unter die schaumige Masse rühren. Das Eiweiß zu steifem Schnee schlagen und vorsichtig unterheben.

Eine Springform mit etwas Butter einfetten, mit Semmelbröseln ausstreuen, den Teig hineingeben und backen. Auf einem Kuchengitter auskühlen lassen.

Die Schokoladenfettglasur im Wasserbad schmelzen lassen und die Torte damit überziehen.

Die Marzipanrohmasse und den Puderzucker zusammen verkneten, zwischen Alufolie ausrollen und mit den Ausstechern Figuren und Sterne ausstechen oder mit einem Messer Ornamente ausschneiden. Die Marzipanverzierung vorsichtig auf die Torte setzen.